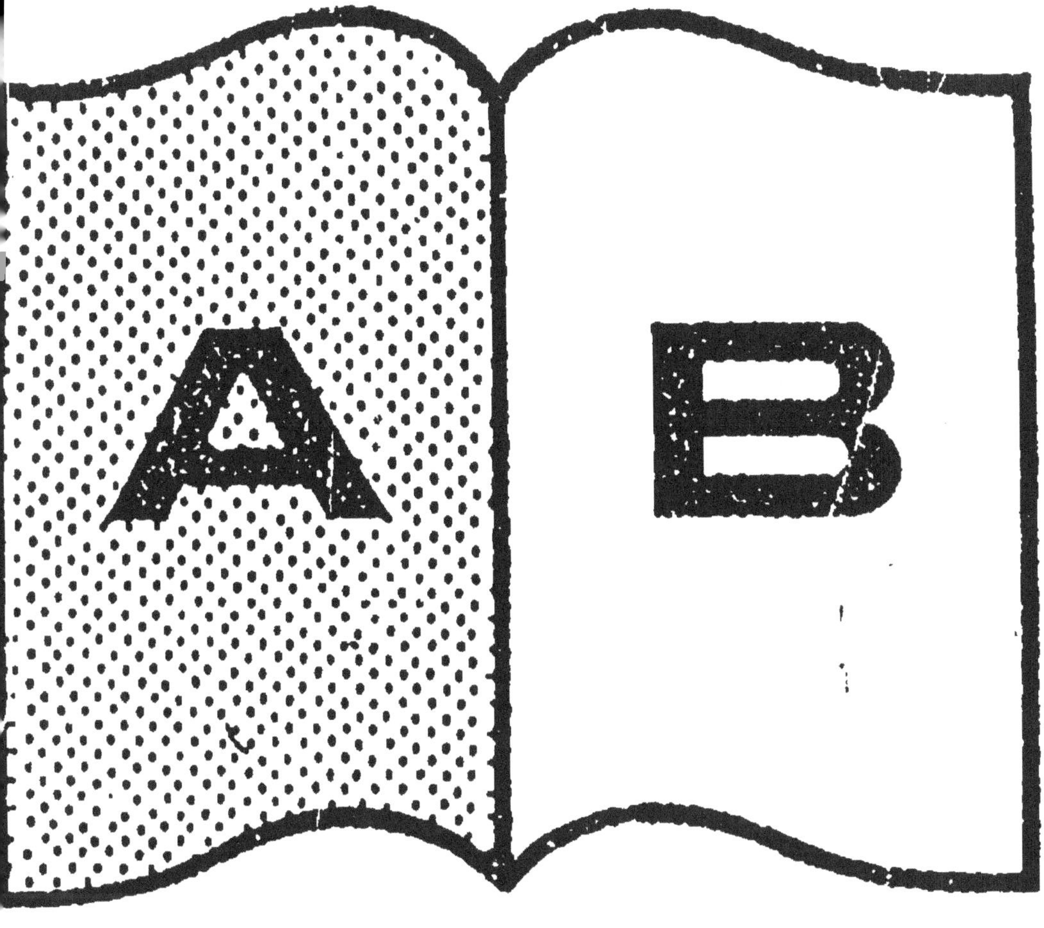

Contraste insuffisant des couvertures
supérieure et inférieure

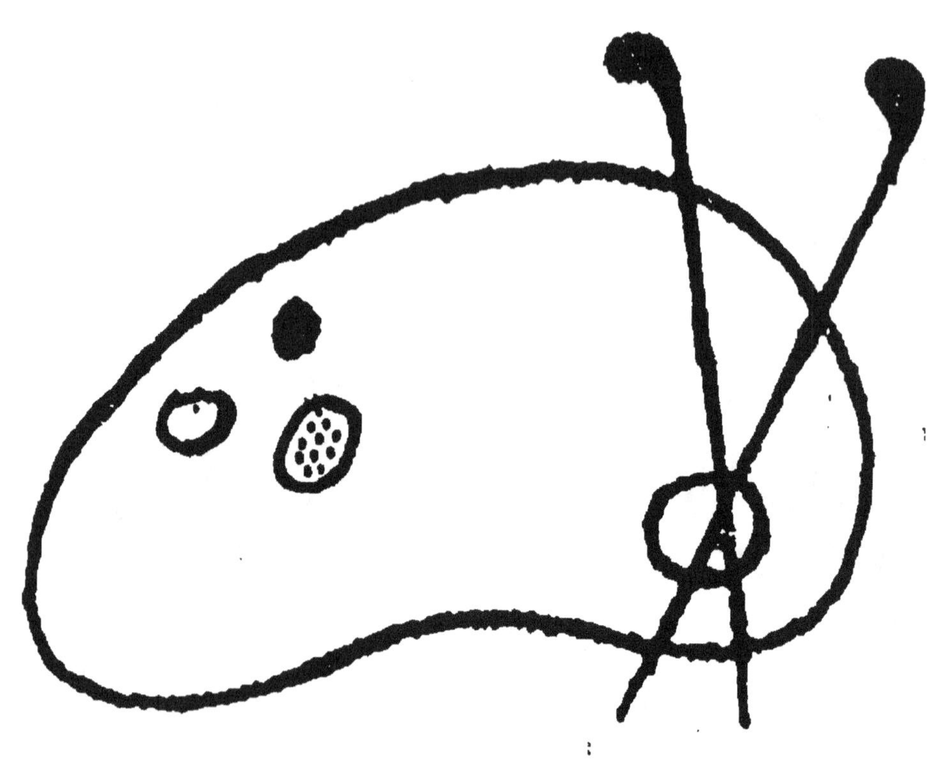

Début d'une série de documents
en couleur

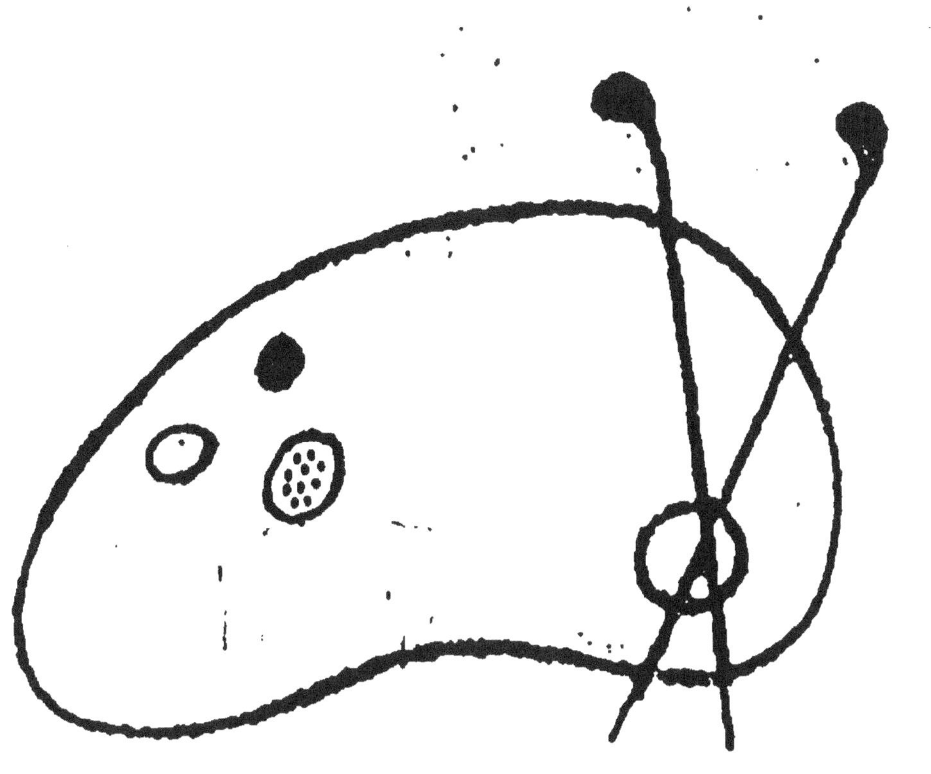

Fin d'une série de documents
en couleur

FRANCE & ITALIE

FRANCE & ITALIE

PAR

CHARLES BEAUQUIER
Député, Président de la Ligue Franco-Italienne

EDOARDO GIRETTI et STÉFANE-POL

Poésies de JEAN AICARD

Lettre-préface de **M. BERTHELOT**, *Sénateur*,
Secrétaire perpétuel de l'Académie des Sciences
Membre de l'Académie Française

PARIS (5e)

V. GIARD & E. BRIÈRE

LIBRAIRES-ÉDITEURS
16, RUE SOUFFLOT ET 12, RUE TOULLIER

1904

Monsieur,

Votre publication sur les fêtes franco-italiennes, c'est-à-dire sur la nécessité de l'union morale entre la France et l'Italie, est excellente.

Nos deux nations sont liées d'une façon indissoluble par leur composition ethnique et leur évolution historique. Depuis trois mille ans au moins, les races celtiques et gauloises ont concouru à peupler la Lombardie et l'Ombrie actuelles, se superposant à de vieilles familles de peuples préhistoriques, venues les unes d'audelà des Alpes, les autres des rivages de la Méditerranée ; tandis qu'au sud de l'Italie se développait la civilisation primitive des tribus qui ont constitué plus tard les Hellènes et les Latins.

Au temps de l'Empire romain, la culture hellénico-latine a dominé la Gaule et elle y a laissé sa langue et son empreinte sous des formes diverses. Plus tard s'est exercée l'influence et l'infiltration des races germaniques, depuis longtemps puissantes au nord de la Gaule, et qui ont dominé à leur heure et concouru à peupler l'Italie moderne.

Ce sont là les constituants fondamentaux de l'Italie et de la France. La culture romane du midi de la France et la grande Renaissance de la culture antique en Italie ont encore resserré ces liens ; en même temps que s'exerçait la puissante influence de l'art italien sur la civilisation moderne.

Voilà l'héritage transmis à nos pères, au moment où la Révolution française est venue donner aux conceptions politiques et sociales une forme et une évolution nouvelle !

Ce sont nos traditions communes, à la France et à l'Italie, et nous devons les poursuivre d'accord, pour maintenir l'autorité de notre manière de concevoir le rôle de la Science et de la Liberté dans le monde !

Votre bien dévoué

M. BERTHELOT

FRANCE ET ITALIE

AUTREFOIS ET AUJOURD'HUI

Sans vouloir faire en détail l'historique du conflit ou plutôt de la mésintelligence qui, pendant plusieurs années, divisa la France et l'Italie, nous croyons cependant utile d'en rappeler les motifs principaux : le passé éclairera le présent.

En 1870-71 la France réduite à la dernière extrémité, accablée, meurtrie, avait en vain tendu les mains vers l'Italie en implorant son secours. Celle pour qui elle avait versé son sang à Magenta, à Solférino, celle qu'elle avait délivrée du joug insupportable de l'Autriche, resta sourde à cet appel... Cette ingratitude ulcéra profondément nos cœurs ; il fallut l'élan généreux de Garibaldi qui, avec ses fils et une poignée d'héroïques Italiens, vint nous offrir son épée et le prestige de son nom ; il fallut que les Cavallotti, les Imbriani et tant d'autres tombassent dans les champs de la Bourgogne, victimes de leur noble dévouement, pour que le peuple français oubliât l'injure et comprit qu'il ne devait pas identifier les sentiments d'une nation avec ceux de ses hommes d'Etat et de ses diplomates.

Voici maintenant la contre-partie.

Après la guerre, lorsque l'Assemblée nationale, en majorité réactionnaire et cléricale, manifesta l'intention d'envoyer des troupes à Rome pour rétablir le pouvoir temporel des papes, l'Italie, qui avait déjà vu Napoléon III intervenir militairement en faveur de Pie IX, conçut d'assez légitimes alarmes. Elle craignait que les fusils Lebel, comme jadis les « merveilleux » chassepots du général De Failly, ne fussent, encore une fois, mis au service du Saint-Siège. Bismark entretenait habilement les inquiétudes dans l'esprit de certains hommes d'Etat italiens. Et ce fut ainsi qu'il arriva à leur faire conclure avec l'Allemagne et l'Autriche cette *triplice* qui irrita si fort la France contre Crispi et contre le roi Humbert.

Notre occupation de la Tunisie, si longtemps convoitée par les Italiens, n'était pas faite non plus pour leur inspirer des sentiments bienveillants à notre égard.

La situation se tendait de plus en plus : il eût suffi d'une étincelle pour mettre le feu aux poudres.

La guerre économique, ordinaire, prélude de plus graves conflits, avait achevé de diviser les deux pays. Chaque année, les relations commerciales se ralentissaient, les échanges diminuaient d'importance, et il en résultait un état de malaise qui contribuait encore à aigrir les esprits.

Heureusement, de chaque côté des Alpes, une petite phalange d'hommes éclairés, de cœurs généreux, fidèles à leurs amitiés d'autrefois, avait su garder son sang-froid et ne s'était pas laissée entraîner par ce courant d'antipathies plus ou moins justifiées. Au nombre de ceux qui s'efforçaient de ramener leurs compatriotes à de meilleurs sentiments et qui essayaient de renouer entre la France et l'Italie ces liens d'amitié que rien n'aurait dû relâcher, il faut citer pour l'Italie les noms de Visconti-Venosta, de Luzzati, de Prinetti, Cavalloti, Imbriani, Bovio, Bonghi Biancheri, Zanardelli, général Türr *e tutti quanti*, et, du côté de la France, l'ambassadeur M. Barrère, Lockroy et tous les membres de la Ligue franco-italienne qu'il serait trop long de mentionner ici.

En dépit des rebuffades, des calomnies, des accusations d'anti-patriotisme, ces hommes sensés et clairvoyants, surent tenir tête au déchaînement des passions « chauvines » et poursuivre, sans se laisser découra-

1*

ger, l'œuvre de pacification à laquelle ils s'étaient voués.

Peu à peu se produisirent des symptômes de détente qui s'accentuèrent rapidement après la disparition de Crispi et la mort du roi Humbert, et aussi du moment où il ne fut plus douteux pour personne que la politique de la France ne pouvait autoriser la supposition d'un rapprochement quelconque entre elle et le Saint-Siège. La présence de l'escadre italienne dans les eaux de Toulon, la visite du Président Loubet à l'amiral duc de Gênes, la célébration du centenaire de l'Académie française à Rome, et une série d'autres faits du même genre manifestèrent clairement un changement considérable dans la politique des deux pays.

Mais la tentative la plus sérieuse de rapprochement fut celle qui s'opéra sur le terrain des affaires commerciales en 1898. De nouvelles conventions, qui peuvent être encore améliorées, donnèrent un essor remarquable aux transactions dans l'un comme dans l'autre pays, en faisant cesser cette déplorable guerre de tarifs dont le commerce et l'industrie avaient tant souffert jusque-là.

L'entente cordiale dont nous avons à nous féliciter aujourd'hui et dont le voyage des souverains d'Italie à Paris a été l'éclatante manifestation est due pour une

large part à la ligue franco-italienne qui, depuis 1888,
date de sa fondation, s'est donnée pour but, comme
portent ses statuts : « de resserrer les liens d'amitié qui
doivent exister entre les deux pays », à raison de leur
communauté d'origine, de civilisation, de mœurs,
d'aspirations et d'intérêts. Dès le principe cette association de bonnes volontés affirmait son intention de travailler à dissiper les préjugés et les malentendus
entre ces peuples frères et égaux.

Comme moyen d'action elle commença par commé-
morer les principaux anniversaires des glorieuses
journées où Français et Italiens avaient, sur les mêmes
champs de bataille, versé leur sang pour la cause de
leur indépendance et pour le maintien de l'intégrité
de leur territoire.

C'est ainsi que chaque année la ligue a fêté les anniversaires de Magenta, de Solférino et de Dijon...

Le 24 juin 1894 à l'occasion d'un anniversaire de
Solférino, 142 députés italiens envoyaient un message
de sympathie à la Ligue, alors présidée par le général
Yung. « Nous buvons avec vous, disaient-ils, à la
grandeur et à la prospérité de nos patries, que le sang
des martyrs a unies à jamais et *que la sagesse et l'amour
des vivants devraient faire considérer comme une seule
patrie.* »

Mais, représentant des idées essentiellement pacifiques, la Ligue ne pouvait se borner à célébrer des anniversaires de batailles, elle rendait aussi hommage à la mémoire des hommes de génie, des penseurs, des savants, des littérateurs, des artistes qui ont illustré l'une ou l'autre nation.

Ce fut ainsi que sous la présidence du ministre de l'Instruction publique elle organisa une fête commémorative en l'honneur de Verdi.

Peu de temps après, elle envoyait quelques-uns de ses membres, à l'occasion de la présence de l'escadre italienne dans les eaux de Toulon, présenter une adresse à l'oncle du roi d'Italie, au duc de Gênes, et participait ainsi à la manifestation officielle à laquelle la présence du Président de la République donnait tant d'éclat.

Quand la France fêta le centenaire de la naissance de son grand poète, de Victor Hugo, l'Italie, par de nombreuses délégations, prit part à ces fêtes. La ville natale du grand homme, Besançon, reçut à cette occasion la visite des membres des associations de la jeunesse italienne. Quelque temps après, la Ligue donnait mission à un certain nombre des siens, d'aller offrir à Rome un buste de Victor Hugo, qui fut solennellement installé au Capitole.

Après avoir fêté de grands artistes italiens à Paris,

Novelli, Léon Cavallo, Puccini, tout dernièrement elle lançait l'idée d'élever dans la capitale une statue à Garibaldi et sollicitait, auprès du conseil municipal, un emplacement.

En résumé, depuis sa fondation la ligue franco-italienne peut se rendre ce témoignage, qu'elle a profité de toutes les occasions, quand elle ne les a pas fait naître, d'entretenir un courant de relations amicales entre les deux pays.

Cette œuvre des réconciliateurs a été, il est juste de le reconnaître, particulièrement favorisée par le développement, tous les jours plus accentué, des idées pacifiques. Les innombrables sociétés qui partout se sont fondées en vue de la paix, en vue du règlement par l'arbitrage des conflits internationaux, les Congrès de la paix qui chaque année tiennent leurs assises dans les différentes villes d'Europe, la Conférence interparlementaire de l'arbitrage, qui rassemble annuellement aussi des centaines de députés représentant tous les parlements ; la généreuse initiative du tzar, grâce à laquelle des penseurs, des hommes d'Etat, des légistes ont pu se réunir à La Haye pour constituer une Cour arbitrale qui commence à fonctionner, tous ces faits si importants, résultats d'une propagande incessante par la plume et par la parole, tous ces faits, disons-nous, ont largement contribué à assurer les manifestations caractéristiques auxquelles nous assistons aujourd'hui. Hier le roi d'Angleterre venait à nous les bras ouverts ; à peine avait-il quitté la France que le Président de la République lui rendait sa visite et qu'une notable partie du Parlement français, sur l'invitation de collègues anglais, se rendait à Londres pour fraterniser avec eux. Demain les députés anglais seront reçus par les parlementaires français ; dans quelques mois, le Président Loubet ira à Rome.

Il faudrait être aveuglé par la plus insigne mauvaise foi pour ne pas reconnaître qu'un esprit nouveau, un esprit de paix a soufflé sur la vieille Europe.

Sans doute ce sont là jusqu'à présent des manifestations plutôt sentimentales, et en politique le sentiment est réduit à un rôle assez secondaire. Les alliances entre nations peuvent être comparées aux alliances matrimoniales, qui offrent d'autant plus de chances de bonheur et de durée qu'elles sont basées à la fois sur l'affection et sur l'intérêt. Et pour en revenir à la France et à l'Italie on se demande pourquoi elles ne contracteraient pas un tel mariage d'amour et de raison. Leurs intérêts économiques ne sont pas tellement opposés qu'ils ne puissent être conciliés par un bon traité de commerce qui donnerait satisfaction aux deux parties contractantes.

Et en même temps pourquoi les deux pays ne signeraient-ils pas un traité analogue à celui que la France vient de signer avec l'Angleterre, un traité d'arbitrage permanent ? Ce n'est du reste pas là une idée nouvelle ; déjà, en 1873, au milieu de circonstances certes moins favorables que celles d'aujourd'hui, le célèbre Mancini proposait aux députés italiens l'adoption de la résolution suivante :

« La Chambre exprime le vœu que le gouvernement du roi, dans ses relations extérieures, fasse en sorte que l'arbitrage devienne le fréquent moyen de résoudre, suivant la justice, les différends internationaux dans les matières susceptibles de décisions arbitrales; qu'il propose dans les circonstances opportunes, devant des arbitres, les questions qui pourraient surgir dans leur interprétation et leur exécution ; qu'il veuille bien persévérer dans la haute initiative qu'il a prise depuis plusieurs années d'amener des conventions entre l'Italie et les autres nations civilisées pour rendre uniformes et obligatoires, dans l'intérêt des peuples respectifs, les règles essentielles du droit international privé. »

Du reste, l'Italie a déjà conclu avec le Royaume-Uni

et avec la République Argentine des traités d'arbitrage de ce genre.

Nous avons donc lieu d'espérer que prochainement les deux Chambres italienne et française voudront consacrer leur réconciliation par une convention de cette sorte. Nous ne croyons pas que les deux puissances signataires de la *Triplice*, l'Allemagne et l'Autriche, puissent y mettre obstacle, si, comme elles l'affirment en toute occasion, leur alliance avec l'Italie n'a d'autre but — ce qui est vraisemblable — que le maintien de la paix en Europe.

La conclusion d'un tel traité, quand même il contiendrait les réserves à notre avis trop timides du récent traité d'arbitrage entre la France et l'Angleterre, n'en serait pas moins considérée par tous les « pacifistes » comme un bienfait, comme un grand pas en avant vers le but idéal que nous poursuivons : ce serait le second anneau de la chaîne qui, un jour, reliera, nous l'espérons, toutes les races latines, en attendant les Etats-Unis d'Europe.

Ch. BEAUQUIER,

député,

Président de la Ligue franco-italienne.

DEUX DOCUMENTS

L'espoir que M. d'Estournelles de Constant venait de formuler dans la brochure de la *Bibliothèque pacifiste internationale* « France et Angleterre » n'a pas tardé à se réaliser.

Le mercredi, 14 octobre 1903, à midi, le ministre des Affaires étrangères anglais et notre ambassadeur à Londres, M. Cambon, signaient la convention suivante :

« Le gouvernement de la République Française et le gouvernement de Sa Majesté Britannique, signataires de la convention pour le règlement pacifique des conflits internationaux conclue à la Haye, le 29 juillet 1899 :

« Considérant que, par l'article 19 de cette convention, les hautes parties contractantes se sont réservé de conclure des accords en vue du recours à l'arbitrage, dans tous les cas qu'elles jugeront possible de lui soumettre :

« Ont autorisé les soussignés à arrêter les dispositions suivantes :

« Article Ier. — Les différends d'ordre juri-
dique ou relatifs à l'interprétation des traités existant
entre les deux parties contractantes, qui viendraient à se
produire entre elles et qui n'auraient pu être réglés par
la voie diplomatique, seront soumis à la cour permanente
d'arbitrage établie par la convention du
29 juillet 1899, à La Haye, à la condition toutefois
qu'ils ne mettent en cause ni les intérêts vitaux, ni
l'indépendance ou l'honneur des deux États contrac-
tants et qu'ils ne touchent pas aux intérêts de tierces
puissances.

« Article II. — Dans chaque cas particulier, les
hautes parties contractantes, avant de s'adresser à la
cour permanente d'arbitrage, signeront un compromis
spécial déterminant nettement l'objet du litige, l'éten-
due des pouvoirs des arbitres et les détails à observer
en ce qui concerne la constitution du tribunal arbitral
et la procédure.

« Article III. — Le présent arrangement est conclu
pour une durée de cinq années à partir du jour de la
signature. »

Tandis que les représentants des deux pays signaient
ce document à Londres, le roi et la reine d'Italie
arrivaient à Paris, où ils étaient l'objet d'une ovation
grandiose de la part de la population parisienne.

Le soir même, au dîner donné à l'Elysée en leur honneur, les toasts suivants sont échangés.

Le Président de la République s'exprime ainsi :

« Sire,

« La France comprend la signification de la visite de Votre Majesté au Président de la République : elle y voit une éclatante manifestation de l'accord étroit qui, répondant également aux sentiments et aux intérêts du peuple italien et du peuple français, s'est établi entre leurs gouvernements.

« Sûre désormais que les deux pays peuvent, avec une confiance réciproque et un même bon vouloir, poursuivre leur tâche nationale, la France salue l'arrivée de Votre Majesté avec une joie sincère, que redouble la très gracieuse présence de S. M. la reine.

« Et c'est de tout cœur qu'au nom de la France et de son gouvernement, je lève mon verre en l'honneur de Votre Majesté et que je bois à la gloire de votre règne, à votre bonheur, au bonheur de S. M. la reine, de S. M. la reine-mère, de toute la famille royale, à la grandeur et à la prospérité de l'Italie. »

Le roi d'Italie répond :

« Monsieur le Président,

« Les paroles si aimables que vous venez de m'adresser augmentent la vive satisfaction que j'éprouve en ce moment. L'accueil enthousiaste que la Ville de Paris et la France entière ont fait à la reine et à moi nous a profondément touchés.

« Comme vous, monsieur le Président, je vois dans un tel accueil quelque chose de plus qu'une simple manifestation de cette exquise politesse qui est une des qualités traditionnelles de la noble nation française.

« Avec raison, la France considère ma présence à Paris comme le résultat naturel de l'œuvre de rapprochement heureusement accomplie entre nos deux pays.

« Les intérêts de l'Italie la portent à souhaiter de toutes ses forces la conservation de la paix et sa position en Europe la met à même de contribuer par son attitude à la réalisation de ce résultat hautement civil.

« C'est vers ce but que se dirigent mes aspirations les plus ardentes, aussi bien que les efforts constants de mon gouvernement.

« Je sais que mes sentiments sont partagés par la France et le gouvernement de la République ; je suis donc doublement heureux de me trouver aujourd'hui sur le sol français, heureux de la cordialité qu'on témoigne à la reine et à moi, heureux de lever mon verre à votre santé, monsieur le Président, et à la grandeur et à la prospérité de la France. »

AVANT LA VISITE DU ROI D'ITALIE

Parmi les plus sérieuses manifestations qui se soient produites en faveur d'un rapprochement franco-italien, il faut ranger les résolutions votées par les Chambres de commerce italiennes.

Tandis que M. Thomas Barclay se livrait à un véritable apostolat près des Chambres de commerce anglaises et françaises, quelques citoyens italiens imitaient son exemple de l'autre côté des Alpes.

M. Edoardo Giretti qui, dès l'année 1896, avait soutenu dans la presse (et notamment dans « La Stampa ») une campagne ayant pour objet d'opérer un rapprochement entre l'Italie et la France, proposait, le 27 mai 1903, à la Chambre de commerce de Turin, de voter une motion en faveur de la conclusion d'un traité d'arbitrage permanent entre l'Italie, la France et l'Angleterre.

Cette motion, adoptée à l'unanimité, fut reprise, le 28 juin, à Rome, devant l'Union des Chambres de commerce d'Italie, qui émit le vœu suivant :

« L'Union des Chambres de commerce voit avec satisfaction tous les efforts faits dans le but d'obtenir que les futurs différends internationaux soient résolus par le moyen de l'arbitrage :

« Elle exprime toute sa sympathie à la propagande poursuivie par M. le Docteur Thomas Barclay, ancien président de la Chambre britannique de commerce à Paris, pour la conclusion d'un traité permanent d'arbitrage entre la France et la Grande-Bretagne ;

« Et elle se réserve de prendre des accords avec les Chambres de commerce anglaises et françaises qui ont adhéré à l'initiative, afin de déterminer, par des manifestations opportunes, un mouvement d'opinion qui amène les Gouvernements de l'Italie, de la France et de la Grande Bretagne à stipuler entre eux des conventions d'arbitrage permanent dans le genre du traité déjà signé en 1898 entre l'Italie et la République Argentine. »

Il est bon de méditer les termes de cette motion, dans laquelle les membres des Chambres de commerce italiennes ont associé les noms de la France et de la Grande Bretagne. Les Français qui acceptent sans hésitation l'idée du rapprochement franco italien, mais discutent l'opportunité de traités avec l'Angleterre, y trouveront le principe d'une leçon salutaire.

LES FÊTES FRANCO-ITALIENNES

Elles furent inaugurées, le 12 octobre, par le dîner de la « Polenta », auquel assistaient une centaine de convives appartenant à la colonie italienne de Paris.

Le soir, la Ligue franco-italienne offrait au Conseil municipal, à l'ambassade d'Italie et à la presse italienne, une soirée de gala, au théâtre Sarah-Bernhart ; on y donnait à la fois une représentation extraordinaire de la belle pièce de M. Jean Aicard, la « Légende du cœur », et, entre le second et le troisième acte, l'intermède suivant, dû à la plume du même auteur :

Dans le décor de la *Légende du cœur*, qui représente une cour intérieure devant un château du moyen âge.

Tous les acteurs de la pièce — à l'exception de ceux qui représentent le troubadour Cabestaing (Mlle Moreno, Italie), Alice de Castelnau (Mlle Dufrène, France) et le valet de chiens (M. de Max, le Messager) — sont en scène au lever du rideau.

Les figurants, seigneurs, pages, soldats, valets, peuple,

porteurs de bannière, etc., sont rangés au fond et sur les côtés.

Le premier récitant est à droite, sur les marches du perron d'une tourelle.

Vers le milieu de la scène, un peu à gauche, le deuxième et le troisième récitants.

SCÈNE PREMIÈRE

LA FOULE, SEIGNEURS, PAGES, SOLDATS, VALETS, PEUPLE, PORTEURS DE BANNIÈRE, PREMIER RÉCITANT (*M. Krauss*), DEUXIÈME RÉCITANT (*M. Puylagarde*), TROISIÈME RÉCITANT (*M. Guidé*).

PREMIER RÉCITANT

L'Ame française veille au sommet de la tour.

DEUXIÈME RÉCITANT

Telle une noble dame, attendant le retour
Du page qui rapporte un message d'amour.

TROISIÈME RÉCITANT

Ses beaux yeux sont tournés du côte de l'aurore.

PREMIER RÉCITANT

Le coq a chanté clair dans le matin sonore.

DEUXIÈME RÉCITANT

Répondant la première au cri qu'il a jeté,
L'alouette de Gaule en plein ciel a monté.

TROISIÈME RÉCITANT

Après lui, l'alouette a chanté la première ;
Son trille de gaîté réjouit la lumière.

PREMIER RÉCITANT

Les pavillons émus palpitent dans le vent,
Comme des seins gonflés par un bonheur vivant.

DEUXIÈME RÉCITANT

Au vent des monts alpins comme aux brises marines,
Ils palpitent du même espoir que nos poitrines.

TROISIÈME RÉCITANT

Bleu, blanc, rouge, — partout foisonnent nos couleurs.

DEUXIÈME RÉCITANT

Vert, blanc, rouge, — en plein ciel c'est de la joie en fleurs.

PREMIER RÉCITANT

Qui donc attendez-vous, Ame de ma patrie ?

SCÈNE DEUXIÈME

LES MÊMES, FRANCE

FRANCE *entrant*

J'attends celle qui fut toujours ma sœur chérie.
Elle accourt ; ses soldats ont des fleurs dans les mains ;

Les pieds de leurs chevaux font chanter les chemins ;
Elle arrive ; j'ai vu, de mes yeux pleins de joie,
La route poudroyer au soleil qui flamboie.
En beau nuage d'or qui la dérobe aux yeux,
Son chemin d'Orient s'est soulevé joyeux...
C'est ainsi qu'elle accourt dans une gloire ardente.

DEUXIÈME RÉCITANT

O Pétrarque, est-ce Laure ?

TROISIÈME RÉCITANT

Ou Béatrice, ô Dante ?

PREMIER RÉCITANT

Le monde doit tourner les yeux de son côté,
S'il veut, d'un seul regard, voir toute la beauté.

FRANCE

Tous les arts ont tressé sa couronne immortelle.

DEUXIÈME RÉCITANT

C'est l'Italie enfin ?

TROISIÈME RÉCITANT

France, quand viendra-t-elle ?

FRANCE

Elle vient dans l'azur et dans l'or du matin,

De l'air adolescent d'un chanteur florentin,
Jeune comme l'amour, beau comme l'espérance.

(Italie entre).

SCÈNE TROISIÈME

Les Mêmes, ITALIE

FRANCE

Salut à l'Italie !

ITALIE

Et salut à la France !

FRANCE

L'heure où tu nous reviens est faite de douceur...
Sois donc la bienvenue, Italie, ô ma sœur !

ITALIE

Salut, France ! — La France est ma sœur préférée.
Nos cœurs se sont touchés dès les âges lointains.
Du sang de mes aïeux sa terre est pénétrée
Et des siècles de gloire ont mêlé nos destins.

FRANCE

L'Italie est ma sœur ; l'Hellade est notre mère ;
Nos arts à toutes deux sont les enfants d'Homère.
Quand César vint en Gaule il apporta le Beau
Et sa torche guerrière était un pur flambeau,

ITALIE

La France heureuse a su, dans le génie hellène,
Prendre la clarté pure, honneur de son discours.

FRANCE

Sur tous les arts tu mets ta grâce souveraine,
Ma sœur, et l'univers aime tous tes amours.

ITALIE

Molière est à la fois ton Plaute et ton Térence.

FRANCE

La Fontaine et Boccace ont adoré Florence.
Goldoni, c'est Venise alliée à la France.

ITALIE

Parmi tes fiers chanteurs, le dernier en allé,
Victor Hugo, — ressemble à mon Dante exilé.

FRANCE

J'aimerais à t'entendre dire
Un sonnet de ton grand poète florentin,
Dans ce beau langage argentin
Si doux qu'à le rythmer avec leur voix de lyre
« Les femmes sur la lèvre en gardent un sourire. »

ITALIE

Le Cœur de Dante.

A ciascun' alma presa e gentil core,
  Nel cui cospetto viene il dir presente,
  A ciô che mi riscrivan suo parvente,
  Salute in lor signor, cicoè Amore.

Già eran quasi ch'atterzate l'ore,
  Del tempo che ogni stella è più lucente,
  Quando m'apparve Amor subitamente,
  Cui essenza membrar mi dà orrore.

Allegro mi sembrava Amor, tenendo
  Mio core in mano, e nelle braccia avea
  Madanna, involta in un drappo dormendo.

Poi la svegliava, e d'esto core ardendo
  Lei paventosa umilmente pascea :
    Appresso gir ne lo vedea piangendo.

FRANGE

… Par plus d'un trait, mon clair génie au tien ressemble.

ITALIE

Gœthe sourirait d'aise à nous revoir ensemble.

FRANCE

L'univers sans nos arts, sans le noble idéal,
Ne serait qu'un immonde Appétit bestial.

ITALIE

Sans l'idéal, la Force et la Faim restant seules,
Tout n'est plus qu'un combat de griffes et de gueules.

FRANCE

Italie, Italie, aimons-nous à jamais !
Ce qui nous sépara désormais nous relie.
L'Alpe nous est commune, ô ma sœur Italie...
Montons d'un même cœur sur les mêmes sommets.

ITALIE

Montons sur nos sommets que l'Orient colore :
Par delà l'horizon cherchons nos lendemains...
Je vois venir à nous, des rameaux dans ses mains,
Un messager d'amour par un chemin d'aurore.

    *(Le messager entre ; il a dans chaque main un rameau
d'olivier orné d'un fil d'or.*

SCÈNE QUATRIÈME

Les Mêmes, LE MESSAGER

LE MESSAGER

J'arrive, en messager des avenirs lointains,
Vous rassurer sur vos destins.
J'apporte l'olivier d'éternelle espérance
Pour toi, noble Italie ! et pour toi, douce France !
Or, le vent de ma course, en ces rameaux dorés,
A mis des murmures sacrés.
Votre concorde est pour le monde un beau présage.
L'avenir devant moi dévoile son visage ;
Il m'a dit son secret divin,
Et je suis le courrier devin.
France de Jeanne d'Arc, ta Vierge est un symbole.
Quand son pennon s'enflait au vent,
Lorsque Jeanne d'Arc criait : «Saint Denis ! en avant ! »
La guerre nécessaire était dans sa parole,
Mais pour tous les soldats saignants, vaincu, vainqueur,
La paix et la pitié s'épandaient de son cœur.
Jeanne, n'ayant en main qu'un étendard de rêve,
En plein combat, laissait dans le fourreau son glaive,
Et saint Michel — perçant le dragon au poitrail —
Lui souriait, du fond rayonnant d'un vitrail !

Il est un combattant, comme elle symbolique,

A qui Jeanne sourit dans sa gloire mystique.
O toi, grande Italie, ô France, ô les deux sœurs !
C'est ce fier chevalier, fléau des oppresseurs,
Joseph Garibaldi, grand soldat et grand homme,
Dont la gloire est debout sur l'horizon de Rome.

(S'adressant à l'Italie.)

Sur son cheval d'airain, dans toutes tes cités,
Il annonce l'amour aux peuples transportés ;
Il crie à l'Italie, heureuse, enfin unie :
« Mon peuple ! l'espérance humaine est infinie.
» Que chacun soit d'abord fidèle à son génie,
» Puis, que les nations se prennent par la main,
    » Toutes, — et ne faisons demain
    » Qu'un seul peuple, qu'un peuple humain ! »

(S'adressant aux deux nations.)

Vous, ô sœurs ! votre cœur est l'hostie éternelle
    Que l'humanité sent féconde en elle !
Comme ce Sordello que le Dante a nommé,
Donnez encor, toujours, votre idéal aimé
    En pâture au monde charmé.

Je vois dans votre ciel cette étoile première,
    Symbole de toute lumière,
Celle qui salua la Grèce à son matin
Et qui promet le monde à l'idéal latin.

(Il laisse tomber les deux rameaux aux pieds d'Italie et de France.)

* *
*

Les préléminaires des fêtes offertes aux souverains italiens continuèrent, le lendemain, par le banquet organisé par le Comité Latin au restaurant du Grand-Véfour.

Des discours y furent prononcés, notamment par M. Deville, président du Conseil municipal, qui fit remarquer que « jamais deux nations n'ont été faites « pour mieux s'entendre dans la voie du progrè et de « la civilisation » que l'Italie et la France.

M. Beauquier, qui présidait le banquet, s'est exprimé en ces termes :

« Au nom de la ligue franco-italienne, son président remercie les organisateurs de ce brillant banquet qui nous permet d'échanger, avec nos frères d'Italie, les sentiments de joie dont débordent nos cœurs.

« Comment ne serions-nous pas particulièrement heureux en ce jour, nous, les membres de cette ligue ? La visite des souverains d'Italie à Paris n'est-elle pas le couronnement de nos efforts, efforts persistants, poursuivis sans défaillance durant de nombreuses années pour amener cet accord, ce rapprochement qui s'affirme d'une façon si éclatante aujourd'hui, (*Applaudissements. Vive la ligue franco-italienne !*)

« Nous nous demandons comment il a pu se faire

qu'en dépit de tant de motifs pour rester unis à jamais,
en dépit de nos affinités de race, de langue, de mœurs,
d'origine même, malgré les mémorables services que
les deux peuples s'étaient réciproquement rendus,
malgré le souvenir du sang mutuellement versé dans
les champs de Magenta et dans les champs de la Bourgogne, nous ayons pu, à un certain moment, concevoir les uns pour les autres des sentiments de défiance
capables d'aller jusqu'à l'hostilité ?

« N'y pensons plus ! Il convient de jeter un voile sur
ce passé attristant. Soyons tout à la joie, à l'espérance,
tout à la joie de constater que le ciel, jadis chargé de
nuages, a repris sa sérénité, qu'il est devenu un vrai
ciel d'Italie, d'un impeccable azur (*Applaudissements*).

« Si nous avons lieu de nous réjouir de voir les souverains, les chefs d'Etat échanger des visites courtoises
et cordiales, — manifestations indéniables de leurs
sentiments pacifiques, — nous devons être bien plus
heureux encore que les peuples eux-mêmes com-
mencent, en dehors de l'action diplomatique, à se
tendre la main par-dessus la tête de leurs gouvernants.
Et c'est ce qui s'est passé dernièrement lorsqu'après la
visite du roi Edouard d'Angleterre à Paris, une notable
partie du Parlement français s'est rendue à Londres
sur l'invitation des parlementaires anglais. Voilà pour
les députés italiens et français un bel exemple à imiter !
(*Vifs applaudissements*).

« Par la même occasion, je souhaite également que
le traité d'arbitrage permanent que nous allons conclure

avec l'Angleterre soit également conclu, et à bref délai, avec l'Italie, notre amie retrouvée.

« En voyant les échanges de sympathies d'un peuple avec un autre peuple, comment ne pas être convaincu qu'un esprit nouveau a soufflé sur notre vieille Europe? Le sentiment de solidarité qui se limitait, hier encore, aux citoyens d'une même nation, commence à s'étendre aux relations des nations entre elles. Après avoir formé, chacun chez nous, des associations, des ligues contre la maladie, la vieillesse, les accidents, contre tous les maux qui assiègent notre misérable vie, nous commençons à vouloir réaliser ces œuvres de solidarité entre les peuples eux-mêmes.

« C'est à l'Italie que revient l'honneur de ce congrès d'hygiène internationale qui vient de se tenir à Venise, en vue de combattre la peste, le choléra, toutes les maladies contagieuses qui peuvent d'un pays passer dans l'autre.

« Cet essai de prophylaxie générale n'est-il pas une œuvre de solidarité humaine à laquelle nous ne saurions trop applaudir? Mais, Mesdames et Messieurs, il nous reste dans ce même ordre d'idées une énorme lacune à combler. C'est bien de combattre les misères fatales, les maux indépendants de notre volonté, mais cette folie, cette démence monstrueuse dont nous sommes complètement responsables, la **Guerre**, n'allons-nous pas enfin nous liguer une bonne fois pour la supprimer ? (*Applaudissements prolongés*).

« A ce sujet, permettez-moi, Mesdames et Messieurs,

de porter un toast aux journalistes italiens, mes confrères, qui, je le sais, assistent en assez grand nombre à ce banquet. Je veux boire à ces porte-flambeau, à ces éclaireurs des voies obscures sur lesquelles se traîne encore l'humanité. Votre tâche, mes chers confrères, est des plus hautes. Sans vous, sans votre incessante propagande, la Paix ne saurait triompher. C'est à vous en grande partie, à vous les facteurs de l'opinion, qu'est dû ce rapprochement entre nos deux pays. Persévérez dans ces dispositions pacifiques ! Lorsqu'un différend éclate ou menace d'éclater entre deux nations, au lieu d'attiser les haines, au lieu de jeter de l'huile sur le feu, efforcez-vous de calmer les passions, d'éclaircir les doutes, d'aplanir les difficultés. En ce faisant, soyez persuadés que vous travaillez pour le bonheur de votre patrie, pour le bonheur même de l'humanité.

« Je lève mon verre à vous tous, nos chers hôtes, à leurs Majestés la reine et le roi d'Italie, à l'entente des races latines, prélude naturel de la Paix universelle (*Applaudissements. — Vive l'Italie ! Vive la France !*) »

* *
** *

Le mercredi, 14 octobre, les souverains italiens arrivent à Paris. Nous empruntons au *Journal des Débats* une appréciation d'ensemble sur cette première journée :

« L'accueil enthousiaste que la population parisienne

a fait au roi Victor-Emmanuel III et à la reine Hélène
a magnifié comme il convenait l'heureux événement
qui s'accomplissait hier, et le souvenir en sera durable
pour les deux nations. Elles ne pouvaient, en effet,
souhaiter, l'une et l'autre, un gage plus précieux de
leur rapprochement, et si actif qu'ait été de part et
d'autre l'effort de leur diplomatie, on peut dire qu'il y
manquait cette consécration éclatante des foules. Or, le
peuple de Paris l'a donnée hier, et, avec la sûre intui-
tion qui le guide, il y a mis beaucoup d'expansion et
de spontanéité, d'unanime franchise et de cordial enthousiasme.

« Les ovations qui saluaient les souverains à leur passage étaient empreintes, en effet, d'une sincérité tou-
chante, et depuis la réception faite au tsar et à l'impéra-
trice, nous n'en avions pas entendu de plus cordiales
ni de plus chaleureuses. D'autre part, la magnificence
des dispositions prises ajoutait à l'éclat de ces manifestations, et encore qu'il eût pu suffire aux souverains de
la sympathique et respectueuse amitié que leur témoi-
gnait cette population heureuse de les acclamer, c'est
dans un cadre, incomparable et véritablement royal
qu'ils ont fait leur entrée dans Paris.

« Nous en avons marqué, hier, tout le détail : la réception à la gare du Bois-de-Boulogne, le défilé en
grand apparat, parmi les foules accourues, au milieu
des troupes faisant la haie, sur l'avenue du Bois et les
Champs-Elysées, qui semblaient une large voie triomphale, et enfin l'arrivée au palais du quai d'Orsay, de-

venu le palais royal, et au faîte duquel flottait l'étendard bleu du roi.

« Il était à ce moment quatre heures dix, et là, comme ailleurs, sur tous les points où devaient passer les souverains, une foule énorme attendait, dont les vivats éclatèrent à l'arrivée du cortège ».

Puis, ce sont les visites protocolaires et l'échange des toasts au dîner de l'Elysée, tandis que la foule, de plus en plus enthousiaste, circule dans les rues illuminées.

*
*

Le lendemain, départ pour Versailles. La ville s'est mise en frais ; elle fait au roi d'Italie et à la reine Hélène un accueil chaleureux et déploie toute sa coquetterie, dans la décoration de ses rues, pour honorer la visite des souverains.

En dehors même des voies que va parcourir le cortège royal, de nombreuses maisons sont pavoisées et les drapeaux italiens et français flottent au vent. Un peu partout, des inscriptions très flatteuses, notamment pour la reine Hélène ; des mâts sont dressés, couverts d'oriflammes aux couleurs italiennes et reliés entre eux par des guirlandes de feuillage. La ville du Grand

Roi s'est rajeunie et a tenu, semble-t-il, à se dépouiller de son aspect un peu solennel.

Au retour à Paris, dîner intime, précédant le gala de l'Opéra. — Nous ne dirons rien de cette représentation merveilleuse, car nous devons borner notre tâche à signaler les manifestations d'opinion, les gages d'amitié officiellement échangés et l'explosion des sympathies populaires à l'égard de la nation italienne.

Voici, d'après le *Journal* et le *Figaro*, le récit du départ pour l'Opéra et de la sortie des souverains :

« A huit heures trente exactement, un formidable commandement de : « Garde à vous ! » retentit d'un bout à l'autre du palais des Affaires étrangères... Les cuirassiers de l'escorte mettent sabre au clair et rectifient la position à cheval...

« C'est le signal du départ des souverains italiens et du Président de la République pour le gala de l'Opéra.

« En cadence, lentement, très solennellement, les tambours battent aux champs, tandis que les magnifiques calèches, très entourées, fort admirées, sortent au pas de la cour du palais, pour se diriger vers le pont de la Concorde.

« A ce moment, une très vive et très belle manifestation se produit, qui trouve un écho non moins ardent tout autour des souverains. On crie :

« — Vive la reine Hélène ! Vive l'Italie !

« — Vive le roi ! Vive le Président !

« Des tonnerres d'applaudissements saluent le passage des voitures de gala et il en sera de même jusqu'à
la rue Royale.

« Là, le décor attire particulièrement l'attention de
la reine d'Italie, qui s'entretient avec Mme Loubet : le
roi se penche à plusieurs reprises pour admirer tout à
son aise cette débauche de lumière. On l'acclame. Il
salue en portant à tout instant la main droite à son
casque.

« Enfin, la tête du cortège apparaît à l'angle du
boulevard des Capucines et de la place de l'Opéra ; de
chaudes et vibrantes manifestations se produisent à
nouveau en l'honneur des souverains italiens et du
Président de la République.

« Il est exactement neuf heures moins cinq quand
le chef d'État et Mme Loubet arrivent rue Halévy, au seuil
de l'Académie nationale de musique, escortant, avec le
cérémonial d'usage, la gracieuse reine Hélène et son
auguste époux. »

« Après la représentation, les souverains sont montés
dans la berline de gala, devant la rotonde des abonnés,
et se sont dirigés, au milieu des acclamations de la
foule, vers la place de l'Opéra, les boulevards illumi-
nés.

« Le coup d'œil était féerique, avec les cuirasses des
cavaliers du cortège qui étincelaient sous ces feux.

« Un millier de personnes avaient été autorisées à
stationner au dehors, sur les marches de l'Opéra et sur

le terre-plein. Quand les carrosses de gala apparaissent, ce sont des acclamations frénétiques.

« Le cortège s'engage au trot dans l'avenue de l'Opéra. Les cuirassiers contiennent la foule. On se presse sur les trottoirs. On s'y écrase plutôt, mais on ne se lasse pas de l'attente.

« Quand l'escorte apparaît, on commence à acclamer ; puis, au moment du défilé des voitures royales, un immense cri retentit de : « Vive le Roi ! vive la Reine. » Et ce cri se continue jusqu'à la place du Théâtre-Français.

« Pendant toute la traversée de l'avenue de l'Opéra, la reine n'a pas cessé de saluer la foule. Le cortège a gagné le ministère des Affaires étrangères par la rue de Rivoli, la place et le pont de la Concorde. A minuit moins cinq, le roi et la reine rentraient dans leurs appartements.

« Après le passage du cortège, la foule a envahi librement l'avenue de l'Opéra. Le même enthousiasme a continué à se manifester jusqu'à une heure du matin.

« Quelques instants après le départ des invités, la foule, qui avait rompu les cordons d'agents, a cherché à entrer dans le vestibule de l'Opéra, dont les grilles n'étaient pas encore fermées. On a dû en hâte faire avancer une compagnie de gardes républicains pour modérer l'enthousiasme et la curiosité populaires. »

Et ce sont partout des illuminations merveilleuses,

des drapeaux de France et d'Italie piqués à toutes les fenêtres, des inscriptions géantes barrant d'une ligne de feu les boulevards et les rues : « Bienvenue ! Vive l'Italie ! — Hommage à la Reine. — Hommage à nos hôtes. — A Victor-Emmanuel. — Paris-Rome, etc. »

La population, accourue de tous les points de Paris, s'entasse à s'étouffer et cependant reste gaie et enthousiaste.

* * *

Le lendemain, 16 octobre, visite matinale du roi et de la reine à l'Hôtel de Ville, où M. Deville, président du Conseil municipal, prononce l'allocution suivante :

« Sire,
« Madame,

« Au nom du Conseil municipal, auquel se sont joints les chefs des grands services publics, des compagnies et associations qui sont l'honneur et la richesse de Paris, j'ai l'honneur de remercier Vos Majestés d'avoir bien voulu venir avec M. le Président de la République à l'Hôtel de Ville.

« Sire,

« La population parisienne montre partout la joie que lui cause la visite amicale faite à la France et s'associe tout entière — on peut en être sûr — aux sentiments de ses représentants.

« C'est qu'elle comprend vivement l'intérêt national.

« C'est aussi qu'elle acclame, avec le nom de Votre Majesté, celui de son glorieux aïeul, dont elle se rappelle la visite, faite en 1855, pour célébrer une confraternité d'armes qui allait se resserrer encore, et pour affirmer une sympathie qui ne devait jamais se démentir.

« C'est enfin que Votre Majesté, qui sait les raisons de tout ce qu'elle fait, s'inspirant certainement de ces souvenirs, a voulu en outre manifester son amitié personnelle de la façon la plus délicate, en nous permettant de saluer, en même temps qu'Elle, la gracieuse souveraine qui nous apporte le parfum poétique de l'Orient slave avec la lumière du ciel d'Italie.

« Madame,

« En s'associant aux desseins du Roi et en répondant à nos désirs, avec la bienveillante simplicité que tout le monde admire et qu'elle puise dans ses traditions de famille, Votre Majesté a fait momentanément le sacrifice de la vie intime qu'elle aime et des joies si douces qu'elle goûte à son foyer.

« Je ne saurais mieux lui en témoigner notre gratitude, qu'en exprimant respectueusement nos vœux pour le bonheur des princesses royales auxquelles doit penser leur mère, pendant que la Reine veut bien m'écouter. »

Le préfet de la Seine, M. de Selves, prend, à son tour, la parole en ces termes :

« Sire,

« Lorsque Paris a connu la nouvelle de votre venue, son cœur a battu d'allégresse.

« Ne portez-vous pas le nom d'un souverain qui a aimé la France et lui a été cher ? N'êtes-vous pas vous-même le souverain d'un pays, par ses origines, frère du nôtre ?

« Paris aujourd'hui est heureux et fier de déposer à vos pieds, avec ses respectueux hommages, l'expression attendrie de son affection inaltérable pour sa sœur latine l'Italie.

« Madame,

« La joie de Paris a été portée à son comble lorsqu'il a su que vous consentiez à parer de votre grâce exquise la visite que S. M. le Roi daignait lui faire.

« De ce pays merveilleux, « aux souvenirs d'une histoire grandiose, où les chefs-d'œuvre abondent, pays d'art et de beauté », vous lui apparaissez venir comme une de ces déesses nées jadis sous son beau ciel et qui résume son génie plein de poésie et de charme séduisant.

« Daignez agréer l'hommage de son respect et permettez au chef de son administration supérieure d'oser dire, après ses élus, que le souvenir de votre visite restera gravé dans tous les cœurs. »

Après le déjeuner, le roi reçoit le comité de la Ligue franco-italienne, et M. Lockroy, président d'honneur, lui remet un album, « Paris-Rome », contenant des articles écrits, à l'occasion de la visite des souverains, par les écrivains et les hommes politiques les plus en vue en France et en Italie.

M. Lockroy lit ensuite l'adresse suivante :

« Sire,

La Ligue franco-italienne a donné à son comité, qui en est heureux et fier, l'honorable mandat de souhaiter à Votre Majesté la bienvenue dans la capitale de la France. Le nom de Victor-Emmanuel est un bon augure pour Paris. Ceux qui, parmi nous, avaient l'âge d'homme il y a près d'un demi-siècle ont gardé religieusement dans leur cœur le souvenir de la triomphale entrée qu'y fit votre auguste aïeul, aux acclamations du peuple parisien tout entier ; ils se rappellent que cette inoubliable visite royale fut le prodrome de mémorables événements d'où se dégagea la consécration du grand principe des nationalités.

« La mémoire qu'ils avaient fidèlement gardée du

3*

roi galant homme Victor-Emmanuel de ces temps-là,
les ramène autour du Victor-Emmanuel d'aujourd'hui,
avec la même âme pleine de nobles espoirs et débor-
dante des mêmes sentiments de foi dans l'avenir de
deux peuples, faits pour s'aimer toujours et pour porter
ensemble le flambeau de la civilisation à travers le
monde.

*« A sua Maestà Vittorio-Emmanuele Terzo, ospite
prediletto del Popolo Francese, la Lega Franco-Ita-
liana porge, felice, un tributo di rispetto e di amore.*

« Viva l'Italia ed il suo Re !

Puis, c'est le tour des délégations de la colonie italienne de Paris, qui, par l'organe de M. Trezza di
Musella, président de la Chambre de commerce italienne, adresse au roi cette allocution :

« Fils de l'Italie et fiers de notre mère, hôtes tendre-
ment dévoués à cette grande et chevaleresque France,
une double affection échauffe aujourd'hui nos cœurs
qu'enorgueillissent à la fois l'acte de haute sagesse politique qui vous amène à Paris et le joyeux enthousiasme avec lequel le peuple français accueille Votre
Majesté et notre gracieuse reine.

« Aujourd'hui, après de longues années de vicissi-
tudes tourmentées, les deux aînées de la race latine,
réunies par leurs traditions communes et par la cons-
cience de leur mission pacificatrice, retrempées dans

les âpres mais saintes luttes du travail, se tendent de nouveau les bras pour un embrassement fraternel.

« Sire,

« Ce peuple généreux qui salue aujourd'hui d'une voix puissante, en vous, l'auguste incarnation de la pensée italienne, et en votre noble épouse, l'aimable personnification de ces vertus fortes et charmantes qui, du haut de votre palais, illuminent d'une vive espérance le front pensif des humbles liant par une douce chaîne d'amour le peuple au prince, est ce même peuple qui, dans la France des batailles et des carillons de victoire, après avoir racheté de son sang notre liberté, acclama en votre glorieux aïeul le plus vaillant soldat de l'Italie. Oh ! puissent les deux peuples, dont la guerre a fait des frères, associer dans une amitié rajeunie leurs énergies puissantes pour les conquêtes lumineuses de la civilisation.

« Nous, les enfants de l'Italie dans cette ville immortelle, émule de la Rome Éternelle, nous entretiendrons le feu sacré de l'amour, persuadés que votre géniale initiative recevra, grâce à l'entente des deux peuples, l'auguste sceau de l'histoire. Que cette promesse solennelle fasse agréer à votre cœur de roi le salut de bienvenue de la colonie italienne.

« Et vous, Madame, dont les brillants regards enflamment chez notre souverain les vertus dont notre patrie se promet tant ; agréez l'hommage de ces fleurs, symbole de dévouement de nos âmes. »

En même temps, au nom de la colonie italienne, un album artistique était offert au roi, tandis que la reine recevait de nombreuses gerbes de fleurs.

Le même jour, l'adresse suivante était remise à la reine par le Comité féminin des femmes françaises :

« Madame,

« Les Parisiennes dont nous sommes les mandataires appartiennent à toutes les classes de la société. Mais, quelle que soit leur condition sociale, elles sont unanimes à se réjouir de la visite de Votre Majesté.

« Toutes vous saluent et vous acclament. Nous avons voulu ajouter la pensée féminine aux fêtes pacifiques qui accueillent S. M. le roi d'Italie et sa royale compagne.

« Les femmes de votre pays ont souvent partagé, en vaillantes, les périls de la guerre, celles de votre valeureuse famille ont toujours donné l'exemple du courage sans jamais fermer leur cœur à la pitié.

« Les Françaises comprennent, toutes, ces patriotiques sentiments. Cependant, comme filles, sœurs, femmes et mères, elles aiment à penser qu'une reine belle et bonne s'associe aux souveraines aspirations qui mènent les peuples à la paix.

« Nous félicitons aussi Votre Majesté d'être l'heureuse mère des princesses royales auxquelles les jeunes Parisiennes, nos filles et nos petites-filles, envoient leurs plus francs sourires et leurs plus gracieux baisers.

« Le Comité d'honneur a la mission d'exprimer à Votre Majesté les sentiments de sympathie enthousiaste que les Parisiennes éprouvent pour la reine Hélène d'Italie et la prient d'agréer leurs hommages respectueusement reconnaissants. »

Cette adresse, superbement illustrée par Mme Madeleine Lemaire, fut renfermée, après la lecture, dans un superbe coffret contenant la liste des personnes qui avaient souhaité la bienvenue à la reine.

Et le soir, tandis qu'au ministère des Affaires étrangères, un dîner et une représentation de gala étaient offerts aux souverains, des retraites aux flambeaux sillonnaient les rues de Paris, au milieu d'une multitude joyeuse.

* *

Mais ces réjouissances publiques ne devaient rien être à côté de celles qu'organisèrent, le lendemain soir, les commerçants de l'avenue de l'Opéra.

Constitués en syndicat, ils avaient formé le projet d'organiser à leurs frais une dernière fête de nuit qui dépassât en splendeur et en originalité les précédentes ; ils voulaient que la semaine franco-italienne s'achevât dans une sorte d'apothéose, et ce fut une apothéose en effet, que ce cortège où plus de deux mille hommes défilèrent, promenant l'éblouissement des lumières et le tapage des orchestres en marche, à travers la nuit de Paris — tandis que des acclamations sans cesse renouvelées accompagnaient sa marche.

Les illuminations étaient générales, dit le *Figaro*; l'avenue de l'Opéra et la rue Royale déployaient leurs luxueuses décorations, et sur les boulevards, de la Madeleine à la place de la République, la voûte lumineuse et multicolore se prolongeait flamboyante, émerveillant la foule plus compacte et plus enthousiaste que jamais.

On était au samedi, en effet, et de tous les quartiers excentriques, de Montparnasse comme de Belleville, des Ternes comme de la Bastille et de Reuilly, les travailleurs, commençant le repos dominical, étaient accourus à la sortie des ateliers. C'était un curieux spectacle que de voir arriver en rangs serrés, hommes, femmes ou enfants, au magnifique spectacle qui leur était offert.

La rue de Rivoli aussi et la place de l'Hôtel-de-Ville avaient leur public. Sur certains points, notamment sur la place des Victoires, des bals avaient été organisés en plein air, comme au 14 Juillet, et, malgré l'humidité du sol, on dansait avec ivresse.

*
* *

Le lendemain, 18 octobre, après une revue militaire à Vincennes, la série des fêtes données en l'honneur des souverains italiens se termina par un grand déjeuner offert par le Président de la République.

Le roi y porta le toast suivant :

« Monsieur le Président,

« Permettez-moi de vous exprimer la grande satisfaction que j'éprouve, les remerciements que je vous dois pour m'avoir procuré le plaisir d'admirer une partie si importante de l'armée française par la brillante revue à laquelle je viens d'assister.

« En parcourant le front des belles troupes qui m'ont été présentées et en voyant défiler leurs masses, ma pensée ne pouvait se détacher un seul instant de cette noble armée dans laquelle le patriotisme, la bravoure et la discipline sont des traditions précieuses qui ne se démentent jamais, et mon cœur battait au souvenir des temps où les soldats français versaient leur sang à côté des soldats italiens, tout en me sentant heureux que les causes qui les ont amenés ensemble sur les champs de bataille aient cessé d'exister, et en souhaitant que, désormais, les forces militaires des nations servent uniquement à assurer la paix.

« Au moment de quitter Paris, je vous renouvelle,

monsieur le Président, l'expression de toute ma reconnaissance pour l'accueil qui a été fait à la Reine et à moi, et je lève mon verre à votre santé, à la gloire de l'armée française et au bonheur de la France. »

Et M. Loubet répondit :

« Sire,

« Le langage que la vue de nos troupes a inspiré à Votre Majesté ne manquera pas d'aller au cœur de la France.

« Fière de son armée, convaincue qu'à son abri elle peut tranquillement continuer son labeur opiniâtre et fécond, la France saura gré à Votre Majesté d'avoir évoqué de communs et glorieux souvenirs.

« Le sang versé pour une même cause par les soldats italiens et français ne doit pas être perdu pour la paix et pour l'union entre nos deux nations. »

« Sire,

« Je vous remercie cordialement de votre visite. Je remercie respectueusement Sa Majesté la Reine d'avoir apporté à Paris le rayonnement de sa grâce et de sa bonté.

« Et je bois à la gloire de la belle et vaillante armée italienne et au bonheur de l'Italie. »

Quelques heures après, les souverains gagnaient la gare des Invalides, salués par les vivats d'une foule immense, et le roi prenait congé de M. Loubet en répétant ces mots :

— A bientôt, n'est-ce pas ?... A Rome...

*
**

C'est qu'à Rome le Président de la République française recevra, à son tour, un accueil chaleureux, si l'on en juge par les manifestations qui s'y sont produites le 15 octobre et les jours suivants.

On télégraphie de Rome à un journal français, le 17 :

« La démonstration de ce soir a été vraiment imposante et s'est faite au milieu des acclamations enthousiastes de la population.

« Les associations, bannières et musiques en tête, sont venues l'une après l'autre se masser sur la place Colonna aux sons de la *Marseillaise* et de l'Hymne italien, chaque fois applaudis par une foule immense.

« A huit heures précises, le cortège s'est mis en marche pour la place Farnèse, salué tout le long du parcours par des vivats continuels à la France, à M. Loubet, à l'*alliance* italo-française. Les deux places Farnèse et Campo di Fiori étaient littéralement bondées : on n'évalue pas à moins de 60.000 personnes la foule qui y était massée. D'immenses acclamations saluaient l'arrivée de chaque association, toujours précédée d'une musique jouant la *Marseillaise* et l'Hymne royal, tandis qu'à toutes les fenêtres les dames agitaient leurs mouchoirs. Le défilé a duré une heure, soulevant sur son passage un enthousiasme toujours croissant.

« Une délégation de notables citoyens est entrée au Palais Farnèse et a été reçue par M. de Fontarce, chargé d'affaires de France. Des discours et de chaleureux *shake-hands* ont été échangés, pendant que sur la place la foule continuait à crier ; « *Viva la Francia !* » et que les fanfares jouaient presque sans interruption la *Marseillaise* et l'Hymne royal alternés. »

Pendant le même temps, la presse italienne se fait l'écho du sentiment populaire : parlant de la réception du roi et de la reine d'Italie en France, l'*Italie* ajoute :

« Cette manifestation a une portée d'autant plus grande, une signification d'autant plus importante, que la spontanéité même des ovations prouve bien que les deux nations attendaient avec impatience le moment de revenir à leurs sentiments naturels d'amitié. »

La *Tribuna*, dans un article de fonds, dit que, pour la première fois dans l'histoire, les relations de la France et de l'Italie ont aujourd'hui pour base la seule condition indispensable à leur durée amicale ; une parfaite égalité. Voilà ce qui donne aux fêtes de Paris un caractère absolument sans précédent et dont, pour la première fois, peut sortir une union indispensable ayant sa raison d'être dans l'absolue indépendance de leur commune résolution.

Le même journal, dans un autre article consacré aux toasts de l'Elysée, dit que M. Loubet et le roi ne pouvaient être plus heureux ni dans le fond ni dans la forme, ce qui s'explique par leur sincérité. Ils ont attesté que le rétablissement de la concorde entre les deux pays est un précieux coefficient de garantie pour la paix du monde, ce dont la France et l'Italie ne doivent pas seules se réjouir, car toute l'Europe doit accueillir les fêtes de Paris avec le même enthousiasme.

Le *Messagero* intitule « Fraternité latine » le compte rendu des fêtes, et dans des termes pleins de patriotisme, il s'écrie :

« Vive la France ! La politique italienne s'achemine enfin vers le vrai, et c'est avec une vive joie que nous constatons que cet acte politique si important de notre jeune souverain ne suscite aucun dissentiment dans la presse de notre pays. L'unanimité italienne correspond sincèrement à l'unanimité française. »

Le *Popolo*, parlant des toasts prononcés au dîner de l'Elysée, dit qu'ils complètent l'accueil enthousiaste que la France et Paris en particulier ont fait aux souverains italiens. Il ajoute que ces toasts, hautement pacifiques, auront un heureux écho sur les bords de la Sprée, du Danube et de la Néva.

*
* *

Il faudrait, pour être complet, relater les échanges de télégrammes sympathiques entre les citoyens des deux nations, et retracer aussi les impressions partout recueillies près des notabilités des lettres, des sciences, des arts, de l'industrie et du commerce de France et d'Italie.

Des journaux ont publié des interviews édifiantes à ce sujet : tour à tour ont été interrogés Cesare Lombroso, Giuseppe Colombo, Paolo Lioy, Tullo-Masserani, Ettore Sacchi, Luigi Conforti, Angelo de Gubernatis, Onorato Roux, Luigi Capuana, Piero Barbèra, Neera, Bruno Sperani, Riccardo Pitteri, Aurelio Costanzo, etc., etc. ; puis Anatole Leroy-Beaulieu, Tarde, Paul et Victor Margueritte, Clémenceau, Mesureur, Cruppi, Millerand, Claretie, qui, dans un article récent, rappelait les nobles paroles, toujours actuelles, que prononçait jadis Manzoni répondant au *misagallo* Alfieri : « La haine pour la France, pour cette France illustrée par tant de génies et par tant de vertus, d'où sont sortis tant de vérités et tant d'exemples, pour cette France que l'on ne peut voir sans éprouver une affection qui ressemble à l'amour de la patrie, et que l'on ne peut quitter sans qu'au souvenir de l'avoir habitée il ne se mêle quelque chose de mélancolique et de profond qui tient des impressions de l'exil ! »

M. Claretie ajoutait :

« Appliquez ce sentiment éprouvé par Manzoni quittant la France à la plupart des Français quittant Rome, ou l'attirante Venise, la ville faite pour bercer les douleurs et les amours, ou la douce Florence, ou Naples ensoleillée, ou Milan si active et pensive, ou quelque coin exquis comme Sorrente ou Taormina, et vous aurez la vérité sur les sentiments de tout Italien de bonne foi vivant en France ou de tout Français demandant un abri à l'Italie. Ce sont des terres d'élection, des pays faits pour s'entr'aimer et que d'inutiles querelles peuvent diviser mais qui, fraternellement, se retrouvent un jour. »

La liste serait trop longue à rapporter des artistes, des écrivains, des hommes politiques qui, des deux côtés des Alpes, furent unanimes à se réjouir du rapprochement franco-italien.

Nous nous sommes adressé à l'élément « haut commerce » dans la personne de M. Edoardo Giretti — dont nous rappelions, au début de ces pages, l'heureuse initiative près de la Chambre de commerce de Turin. — Il a bien voulu tracer, à l'intention de la *Bibliothèque pacifiste internationale*, les lignes qu'on va lire.

LE ROLE DES PACIFISTES

La visite que les souverains d'Italie viennent de faire au Président de la République Française et les grandioses manifestations de sympathie, auxquelles ce joyeux avènement a donné lieu entre Français et Italiens, prouvent, même aux yeux des plus incrédules, qu'il y a quelque chose de substantiellement changé dans l'opinion publique des deux pays.

Ce changement est bien le résultat de notre longue et persévérante propagande ; nous avons le droit d'en être fiers et satisfaits, nous pacifiques de France et d'Italie.

Beaucoup de ceux qui se sont trouvés à côté de nous pendant l'expansion si chaude de ces jours de fête générale, et pas des moins enthousiastes à se réjouir de l'heureux rapprochement franco-italien, sont des convertis de notre propagande, et nous n'avons pas de motifs pour croire que leur conversion laisse quelque chose à désirer en sincérité et solidité.

Mais nous avons aussi le devoir de ne pas nous endormir sur cette première victoire. Au contraire, nous devons redoubler d'efforts et de travail pour la rendre définitive et inébranlable.

N'oublions pas que, d'autres fois déjà, l'horizon franco-italien n'a pas eu le moindre nuage, et que — hélas ! — peu de temps après, le ciel se couvrait d'un épais brouillard, et avec le brouillard survenaient les mauvais jours des mésintelligences et de la bouderie.

A tout prix il faut empêcher que cela puisse encore se produire !

Certes, le devoir le plus important et le plus urgent de ce moment de *fraternisation* absolue des cœurs et des esprits est celui d'établir un traité permanent d'arbitrage. Nous avons à nous assurer que, si des différends ont encore à surgir entre nos deux nations, ils ne puissent plus donner lieu à de regrettables excitations militaristes et s'arranger exclusivement par les moyens juridiques et pacifiques dignes des peuples civilisés.

Mais, à côté de cela, il nous faut travailler à ce que l'arbitrage international entre l'Italie et la France reste comme une garantie extrême, à laquelle on n'aura jamais, ou presque jamais, besoin de recourir

Par conséquent, nous devons nous appliquer à chercher de neutraliser à tout jamais les forces qui savent, sans doute, se dissimuler aujourd'hui, mais qui ne peuvent pas encore être mortes, et qui, très vraisemblablement, attendent seulement une nouvelle occasion pour revenir à la lumière et recommencer leur néfaste action de désunion et de ravages.

Vous savez quelles sont et de quel nom s'appellent en France les forces meurtrières auxquelles je fais allusion.

De ce côté ci des Alpes, nous avons à poursuivre notre lutte contre le militarisme, sous la forme moins violente, mais, peut-être, plus insidieuse et plus dangereuse que ce monstre envahissant s'efforce de prendre lorsqu'il se voit obligé d'apporter un peu de prudence dans ses louches et abominables machinations.

Il s'agit, en ce moment, des pressions qui sont faites sur le Gouvernement et le Parlement par des entreprises priviligiées cherchant à obtenir de nouvelles fournitures de canons et de cuirasses pour la marine.

C'est là le péril du moment, contre lequel nous combattons vigoureusement, persuadés que nous sommes qu'il ne suffit pas de proclamer, comme nous le faisons sans cesse dans nos Congrès internationaux de la paix, les principes juridiques qui doivent régler les rapports mutuels des nations, mais qu'il faut en plus, à l'intérieur de chaque nation, enlever au militarisme les aliments dont il se nourrit.

Comme vous en France, nous nous proposons, en Italie, de réunir et concentrer tous nos efforts dans le but d'empêcher que des incidents, imprévus pour le moment, puissent se produire et venir troubler cette grande et cordiale entente franco-italienne, qu'après tant de vœux et tant de travail, nous avons pu enfin saluer avec une joie si vive et si complète.

Nous sommes maintenant en mesure de pouvoir, la main dans la main, et non plus montrés du doigt comme des patriotes tièdes et peu sincères, travailler à ce que le rapprochement, que nous venons heureusement d'obtenir, ne reste pas seulement moral ; il faut que, grâce à l'allègement des écrasantes charges militaires, et dans la libre et féconde circulation de nos produits réciproques, il puisse donner tous les fruits dont il est susceptible et que nous avons raison d'en attendre.

EDOARDO GIRETTI,

Consigliere della Camera di Commercio ed Arti di Torino.

EPILOGUE

Les fêtes franco-italiennes se terminèrent, à Paris, par la cérémonie commémorative en l'honneur de Menotti Garibaldi.

Elle eut lieu à la mairie du quatrième arrondissement : sur l'estrade placée au fond de la salle se dressait un buste en plâtre du général Menotti Garibaldi, d'une hauteur de 1 m. 50, voilé de crêpe. Parmi les invités, on remarquait : MM. Beauquier, député, président de la Ligue franco-italienne ; Raqueni, secrétaire général ; général Türr, Edouard Lockroy, Chautemps, député de la Savoie ; Adrien Duvand, Deville, président du Conseil municipal de Paris ; le commandant Hanoteaux, représentant le général André, ministre de la guerre ; Vercherin, délégué de l'Union garibaldienne de Nice ; Paul Vibert, le marquis de Castrone, le marquis Paulucci, représentant le comte Tornielli, etc., etc.

Le général Türr prit le premier la parole et fit l'historique de l'œuvre de Garibaldi et sa continuation par son fils Menotti qui n'a, malheureusement, pu voir le couronnement de son œuvre.

MM. Beauquier, Lockroy, Adrien Duvand et Mme Séverine prononcèrent ensuite des discours applaudis.

M. Deville remercia au nom du Conseil municipal de Paris, disant que le gouvernement de la République et le Conseil municipal ne pouvaient pas mieux clore les fêtes franco-italiennes qu'en s'associant à cette cérémonie en l'honneur de Garibaldi.

On procéda ensuite au couronnement du buste de Menotti Garibaldi, dû au ciseau du statuaire Cernigliari Melilli, et Mme Dubien déclama les vers suivants de M. Jean Aicard :

Chevaliers de la paix, ils ont l'âme si grande
Qu'à leur geste infini le monde semble étroit ;
Aussi leur nom s'envole au ciel de la légende
C'est le nom de la guerre alliée au bon droit.

Le Père a défendu toutes les causes saintes ;
Il fut le paladin qui, toujours à cheval,
Glaive haut, court partout où l'on entend des plaintes,
Guerrier d'amour, soldat de paix et d'idéal.

Et sa pensée à lui, c'est ta propre pensée,
France, celle qui fit tes révolutions,
Or, un jour, tu tombas, plaintive, au cœur blessée...

Nul secours n'arriva des autres nations...
Garibaldi vint seul, en criant : « France, espère ! »
Et Menotti fut grand aux côtés de son père.

Nous ne pouvions mieux terminer ce rapide exposé
des fêtes franco-italiennes, qu'en citant une dernière
fois le poète qui y prit une si large part ; nous le re-
mercions ici de l'autorisation qu'il nous a gracieuse-
ment donnée de reproduire ses poésies.

DERNIER MOT

Un jeune et éminent écrivain, M. Henry Bordeaux, évoquant le souvenir des luttes au cours desquelles Français et Italiens furent compagnons d'armes, rappelait (*Figaro* du 17 octobre 1903) que, récemment encore, les soldats des deux nations avaient eu l'occasion de marcher de concert :

« En 1898, écrivait-il, plusieurs puissances intervinrent par la force en Crète pour le maintien de l'ordre : le commandement des escadres fut successivement exercé par l'amiral Carevaro et par l'amiral Pottier. Depuis cette époque, soldats et marins des deux nations vivent en Crète côte à côte, *toujours unis pour la même œuvre de civilisation et de paix.*

« Plus récemment encore, en 1900, lorsque l'insurrection des Boxers soulève la Chine contre les étrangers, Français et Italiens combattent ensemble. A Pékin, une poignée de marins des deux pays défend le Peï-Tang et sauve des milliers de chrétiens. L'enseigne de vaisseau Henry, le plus élevé en grade, commande les uns et les autres, car il ne faut qu'un seul chef. Il est tué. Le lieutenant Olivieri le remplace et continue la défense avec succès jusqu'à l'arrivée des secours. »

Mais c'est la suite de l'article que nous voulons retenir ; M. Bordeaux ajoute :

« A Tien-Tsin, quand les Japonais et les Russes, plus nombreux et plus prêts, se mettent en route sur Pékin pour débloquer les légations, le général Frey propose aux contingents *italien, allemand* et *autrichien,* dont l'effectif est faible, de se joindre aux Français pour former une seule colonne et participer au salut des Européens assiégés. Ils acceptent avec enthousiasme, et la colonne s'ébranle. »

Cette constatation n'incite-t-elle pas aux sages méditations ?

Le Japon et l'Angleterre ont conclu un traité. L'Angleterre et la France viennent de signer une convention d'arbitrage. La France, alliée de la Russie, et sur le point de conclure des traités avec le Danemark, la Hollande, la Suède et la Norwège, a secoué le mauvais souvenir des bouderies passées et resserré les liens qui l'unissaient à l'Italie — alliée elle-même de l'Allemagne et de l'Autriche. Les soldats de toutes ces na-

tions se sont réunis, il y a peu de temps, dans un *in
térêt* commun. Les commerçants, les industriels, les
artistes, les écrivains, tous ceux qui pensent et qui
agissent parmi les citoyens de ces différents peuples,
ont, eux aussi, un *intérêt* évident à s'unir dans un même
effort pour le maintien de la Paix. En dehors de toute
question de sentimentalité cette union ne serait elle
pas possible ?

Et qu'on n'émette pas la crainte — avant d'en arri
ver à ce but idéal — que tels rapprochements, essen
tiellement pacifiques. entre tels et tels peuples puissent
éveiller des susceptibilités chez les autres nations. C'est
ainsi que des esprits inquiets avaient prétendu que le
traité franco anglais et la bonne entente franco italienne
étaient mal interprétés par le tzar ; le tzar lui-même a
tenu à dissiper toute équivoque : il a chargé son mi
nistre des Affaires étrangères de porter au Président de
la République une lettre autographe, dont l'objet est
ainsi analysé dans la note officieuse communiquée aux
journaux du 30 octobre :

« Le Conseil tenu à l'Elysée s'est ouvert par la com-
munication qu'a faite M. le Président la République
de la lettre que S. M. l'empereur de Russie lui a fait
remettre par M. le comte Lamsdorff.

« Dans cette lettre, l'Empereur, après avoir renouvelé

au Président de la République l'assurance de ses sentiments affectueux, exprime, la satisfaction que lui fait éprouver tout ce qui arrive d'heureux à la France. C'est ainsi qu'il a accueilli avec une profonde sympathie le récent arrangément avec l'Angleterre et le rapprochement heureusement effectué avec l'Italie.

« Dans ces événements, l'Empereur voit un gage nouveau du maintien de la paix générale, qui est le but constant de sa politique comme de celle du gouvernement français, et par conséquent une raison de plus pour que les nations amies et alliées, sûres l'une de l'autre, continuent à manifester en toute occasion leur parfaite conformité de vues et leur solidarité basée sur leur sympathie mutuelle et sur leurs intérêts respectifs. »

La réponse aux objections et aux craintes est, nous semble-t il, suffisamment péremptoire.

TABLE DES MATIÈRES

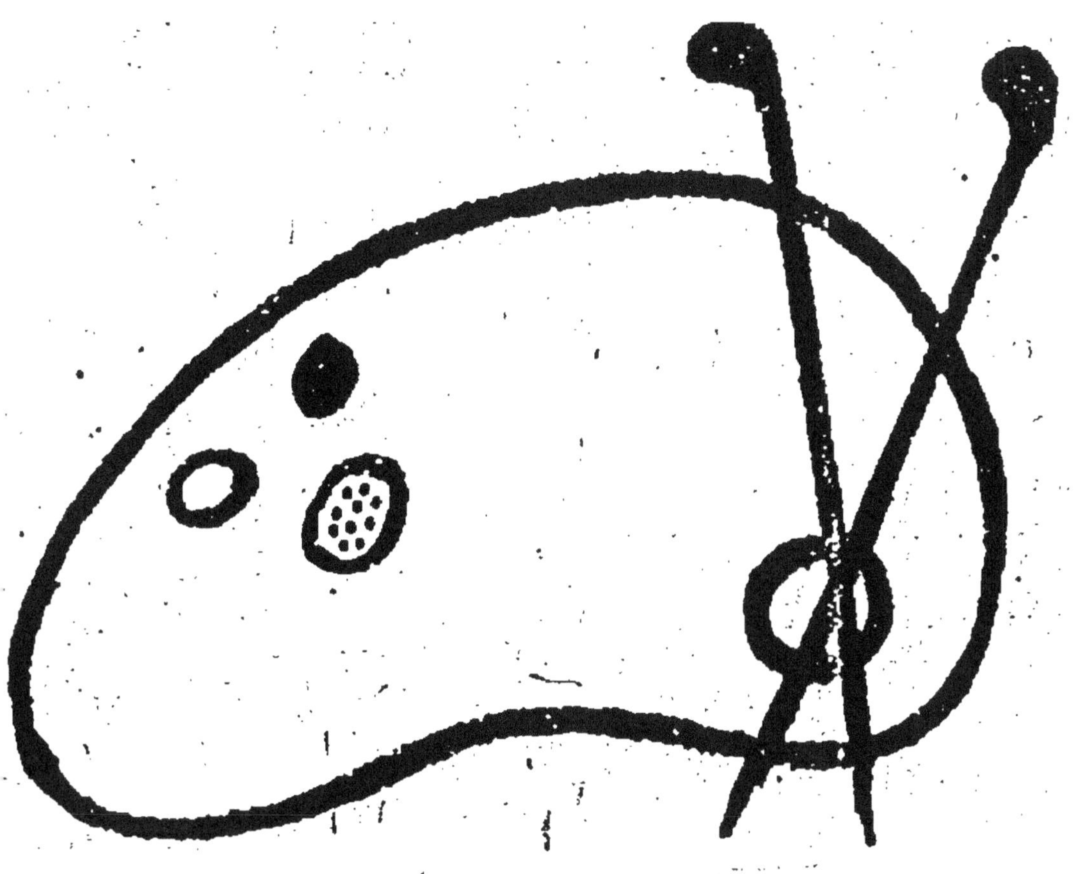

Original en couleur

NF Z 43-120-8